SUPPLIQUE

RESPECTUEUSE

Au Roi,

De Charles-Guillaume-Jean-Marie DE TROLONG
DURUMAIN , *l'un des premiers Pages de* Sa
Majesté LOUIS XVI , *Capitaine au Régiment*
Dauphin-Dragon , *Chevalier de l'Ordre Royal
et Militaire de Saint-Louis , Chef d'Escadron de
la Gendarmerie.... ; ayant fait , sous les glorieux
étendards des Lis , toutes les Campagnes de la
Révolution , en l'Armée de Condé , à l'avant-
garde , sous les ordres du Général* De Viomenil;
dans le Morbihan , sous les ordres des Généraux
Georges Cadoudal *et* Soles De Grisoles; *neveu
des Comtes* Durumain *et* De Rivière , *Capitaines
de vaisseau , dont le souvenir est cher à la Marine
Française ; fils du Comte* Durumain , *Chevalier
de Saint-Louis , horriblement massacré , en* 1791,
*en son château , en défendant les mortiers que
son Souverain lui avait donnés , en récompense
de ses services.*

Article 473 du
Code d'Instruction
criminelle.

SIRE,

Je suis à vos pieds, et je supplie Votre Majesté de m'assurer
la vie de mon fils, qui est époux et père, celle de notre brave
camarade Topin , et la mienne.

Ordonnez à votre procureur-général , près votre cour de

1

5,543

cassation de lui demander celle d'un arrêt inique, barbare et scandaleux, qu'on a l'impudence de vouloir exécuter en votre nom.

Lui seul peut le faire dans l'intérêt de la loi et de la vindicte publique, intéressées à ce qu'on ne confonde pas la vertu avec le crime, la fidélité avec la trahison.

Car l'article 473 du code d'instruction criminelle dispose « que le recours en cassation ne sera ouvert, contre des juge- » mens de contumace, qu'au procureur-général et à la partie » civile, en ce qui la regarde; et il ne s'en est présentée aucune » contre nous. »

Cet arrêt a été rendu, le 23 Octobre 1819, par un conseiller de votre cour de Rennes, à cette époque président de la cour d'assises du département des Côtes-du-Nord, et quatre juges du tribunal de première instance à Saint-Brieuc; et condamne mon fils, notre camarade Topin et moi, par contumace, à *une mort honteuse ;* ordonne le séquestre de nos biens, nous soumet aux frais de la procédure, réglés à 721 francs, comme coupables du meurtre de Caer, maire de Pomméri Jodi.

En sorte que nous avons perdu la liberté, les moyens de subsister, tout, fors l'honneur.

Cinq de vos fidèles sujets ont été mandés, comme de vils scélérats, à la cour d'Assises des Côtes-du-Nord, par les partisans de l'usurpateur, pendant le tems du deuil de la France, l'interrègne, les cent jours d'exécrable mémoire.

On les a accusés de l'assassinat, *avec préméditation,* du maire de Pomméri Jodi, et *cette préméditation* consiste dans l'exécution des ordonnances émanées de Votre Majesté au mois de Mars 1815, quand *un usurpateur parjure, une horde de chefs civils et militaires, depuis 20 ans heureux brigands, devenus ingrats, odieux, et traîtres téméraires,* osèrent menacer le plus ancien, le plus beau des trônes, le plus religieux, le plus clément, le plus chéri des Rois, et son auguste famille.

On n'ose plus donner d'autre base à cet arrêt de 1819 que la mort de CAER.

C'est le fait qui lui est resté pour seul motif, et qu'on a converti en excuses, en palliatif des premières poursuites, pour faire oublier qu'elles furent, dans les cent jours, un attentat contre votre autorité et vos ordonnances, par la trahison, la révolte et la rébellion.

Cette mort n'a été ni commandée, ni préméditée; j'avais

seulement ordonné d'arrêter le maire factieux, immoral, forcené de Pomméri Jodi.

Sa mort est couverte d'un nuage impénétrable : personne ne nomme l'individu qui l'a procurée; nul témoin ne dit quand, où et comment elle a eu lieu.

L'information prouve mon *alibi*, et que je n'y ai pas contribué ; et elle est, et n'est qu'un événement malheureusement ordinaire dans les guerres politiques et civiles.

Faits.

Par votre ordonnance du 6 Mars 1815, Sire, vous déclarâtes Napoléon traître et rebelle, pour s'être introduit à main armée dans le département du Var.

Bull. des Lois, N°. 759,760,788, 802, 807, 822 et 823.

Vous enjoignîtes à tous les gouverneurs, commandans de la force armée, gardes nationales, *autorités civiles, et même aux simples citoyens*, de courir sus; déclarâtes fauteurs et complices de *rébellion et d'attentat tendant à changer la forme du gouvernement, et à provoquer la guerre civile, même les simples citoyens* qui prêteraient aide ou assistance à l'usurpateur, et ceux qui auraient, par leurs discours ou par leurs écrits, pris part ou engagé les citoyens à prendre part à la révolte, ou à s'abstenir de la repousser.

Le même jour 6 Mars, vous convoquâtes les chambres des pairs et des députés ;

Le 9, vous fîtes appel aux militaires de tous grades, en semestre ou en congé, à toutes gardes nationales, aux propriétaires fonciers et individuels, à tous *corps volontaires qui voudraient se former;*

Le 11, à tous français ;

Les 12 et 15, à toutes les armées et aux employés de toutes les administrations civiles, et vous leur commandâtes, Sire, d'accourir à votre défense, à celle du trône et de la patrie; de garder les places fortes, de contenir *les factieux dans l'intérieur*, de détruire, de dissiper leurs rassemblemens, d'intercepter leurs communications, de cerner, d'arrêter, envelopper, attaquer, repousser, harceler les rebelles, etc.;

Le 15, vous assurâtes des récompenses nationales à la fidélité, aux garnisons de La Fère, de Lille et de Cambrai, aux maréchaux Mortier, duc de Trévise, et Macdonal, duc de Tarente; des pensions aux blessés et aux familles de ceux qui seraient tués

Idem, N°. 830 et 832.

en combattant pour une cause si juste.... tout ce qui leur était dû, et des promotions aux membres de la légion-d'honneur;

Bull. des Lois, N°. 840.

Le 19, vous ne quittâtes Paris que pour éviter des malheurs, et pour aller plus loin rassembler des forces;

Idem, N°. 53.

Le 23, vous fîtes défense à tous français, à tous préfets, sous - préfets et *maires*, d'obéir à aucune prétendue loi de conscription et de recrutement, et à tout ordre illégal qui émanerait du tyran ; et autorisâtes tous ceux qu'on voudrait contraindre à s'enrôler sous ses drapeaux à s'y soustraire, même à main armée.

Idem, N°. 1, 2, 5, 5, 8, 10, 11, 12, 14, 47, 75.

Que fis-je, SIRE, quand j'appris que, le 20 Mars, l'usurpateur s'était insinué de nuit à Paris, et y avait fait circuler d'infâmes proclamations anti-datées, où il se vantait de sa trahison, proscrivait son légitime Souverain, votre famille et les émigrés, supprimait la cocarde blanche, la décoration du Lis, les ordres de Saint-Louis, de Saint-Michel et du Saint-Esprit ; ordonnait d'arborer la cocarde et le pavillon tricolores ; confirmait les juges de l'indigne Isère, abolissait la noblesse, mettait les gardes nationales hors de leurs murs, et les français en coupes réglées...., et tant d'autres abominations, qu'on ne peut se rappeler sans indignation ?

Que fis-je alors, SIRE ? ce qu'avaient fait, plusieurs années auparavant, avec un enthousiasme et un courage que vous avez loués, SIRE, de fidèles sujets, en la Vendée et en la Bretagne....

Le premier, je réunis, en ma maison de campagne, les sincères défenseurs de votre personne sacrée, de votre trône, de votre dynastie.

Ils s'y formèrent en corps de volontaires et de colonnes mobiles, en exécution de votre ordonnance du 9 mars.

Ils m'élurent pour chef;

Et je concertai, avec mes compagnons, les moyens de remplir les vœux exprimés par VOTRE MAJESTÉ, dans toutes ses proclamations.

Un maire, nommé CAER, ancien jacobin, partisan audacieux de BONAPARTE, ivrogne consommé, exerçait à Pomméri-Jodi les vexations les plus criminelles contre les conscrits, leurs pères et mères et parens, contre les militaires en congé ou semestre, pour augmenter les forces du tyran.

Il publiait lui-même, après l'office divin, le renvoi et la proscription des BOURBONS, le retour et les succès de l'usurpateur.

Vos proclamations m'autorisaient, SIRE, à attaquer, arrêter cet indigne chef civil, qu'elles désignaient comme traître, rebelle, révolté.

Le 13 Avril, je commandai une patrouille, pour m'en assurer, et pour *le défendre*, comme le dit l'information, *pour empêcher un mouvement d'effervescence* de quelques conscrits de la commune, irrités contre leur oppresseur, qui voulait les contraindre à se déshonorer sous les vils drapeaux de l'usurpation.

CAER fut saisi ivre, dans un cabaret, et secouru par ses camarades de bouteille, ivres comme lui, qui voulurent faire sonner le tocsin.

Il a été déposé, ou répandu dans le public que, huit jours après, son corps fut trouvé sur la grève, près d'un bateau teint de sang, ayant une pierre au cou, et percé de trois coups de baïonnettes, que la méchanceté nomma poignards.

Je fus le premier à gémir de l'accident inattendu de sa mort, puisque je n'avais ordonné qu'une arrestation. C'est une chose sans doute déplorable que la mort même d'un coupable, et CAER l'était comme chef de la rébellion à votre autorité, et prévenu par vous, comme maire, de s'en abstenir.

Mais il était ivre, soutenu par des gens ivres, qui appellaient le tocsin, et ils firent sans doute résistance à la force légale et légitime, qui avait ordre de l'arrêter, et s'attira, par sa révolte, les coups de baïonnettes dont il périt. *Un détachement qui remplit un devoir ne commet pas un meurtre, même en tel résultat ; et le coup de fusil d'un militaire à son poste n'en fait pas un assassin, s'il obéit à sa consigne, qu'on veut forcer.*

Néanmoins, dès le lendemain 14 Avril, parut une dénonciation du nouveau sous-préfet, nommé, par le tyran, pour l'arrondissement de Lannion; et sur une réquisition du procureur *du soi-disant empereur* au tribunal de première instance, à Lannion, du 15 Mai, une procédure vraiment extraordinaire fut édifiée en ce tribunal, qui, les 19 et 20, lança une ordonnance de prise de corps contre mon fils et moi, et dix-sept autres de vos intrépides défenseurs et fidèles sujets.

Le 2 Juin, le substitut du procureur-général, *dit impérial*, près la prétendue cour *dite impériale* de Rennes, forma contre les dix-neuf un acte d'accusation, *comme étant prévenus d'être respectivement auteurs et complices de complots et attentats*

3

formés dans le mois d'Avril 1815, ayant pour but d'exciter la guerre civile, en armant et en faisant armer les citoyens les uns contre les autres, de changer le gouvernement (de BONAPARTE); *de porter la dévastation, le massacre et le pillage dans plusieurs communes; d'AVOIR, par suite desdits complots, commis un assassinat sur la personne dudit* CAER, *et enfin d'AVOIR levé et fait lever des troupes armées, engagé et enrôlé des soldats, et de leur avoir fourni des armes et des munitions, SANS ORDRE, ni autorisation du pouvoir légitime (* de BONAPARTE)! Et ce procureur de BONAPARTE requit le renvoi des 19 criminels, décorés de la cocarde blanche, à la cour d'assises :

Ce qu'osa ordonner, par arrêt des 9 et 10 Juin, la chambre d'instruction criminelle de la cour *impériale* de Rennes.

Le 4 Juillet 1815, quoique VOTRE MAJESTÉ, par ses proclamations pleines de bonté et d'énergie, des 25 et 28 Juin, eût annoncé sa rentrée en France, *pour réparer les maux de la révolte, de la guerre et de la trahison, pour récompenser les bons, et mettre à exécution les lois existantes contre les coupables,* le substitut du procureur-général de l'usurpateur près la cour de Rennes répéta l'acte d'accusation, et le transmit à votre cour de cassation.

Celle-ci, par un arrêt *(qu'elle n'a fait imprimer que brièvement* dans son bulletin du 27 Octobre 1815), permit de poursuivre cinq individus, qu'elle déclara chefs de votre armée royale dans le département des Côtes-du-Nord, trois nobles et deux dignes de l'être, et que VOTRE MAJESTÉ annoblira sans doute, savoir mon fils et moi, COURSON DE LA VILLEHELLIO, TOPIN et COSANNET, comme prévenus d'assassinat désigné dans l'article 554 du code d'instruction criminelle, c'est-à-dire *d'assassinat préparé par des attroupemens armés, ou de crime de rébellion armée à la force armée.*

La même cour défendit toutes poursuites contre leurs quatorze autres compagnons, qui pouvaient invoquer votre ordonnance du 23 Mars 1815.

En exécution de cet arrêt contradictoire, la cour de Rennes adressa, le 12 Décembre 1815, la connaissance de cette grave accusation à la cour d'assises à Saint-Brieuc.

Celle-ci n'osa y donner de suites, tant elle la jugea fausse et scandaleuse, tant elle était propre à provoquer l'indignation de tous jurés, de tous français.

Peu de tems après, vous voulûtes bien, SIRE, récompenser

ma fidélité, en me nommant, le 10 Janvier 1816, chef d'escadron de votre gendarmerie à La Rochelle.

Un soi-disant avocat, et abonné au journal calomniateur se qualifiant de *Bibliothèque Historique*, excita à la reprise des poursuites commencées dans les cent jours.

Elles eurent lieu, en 1819, contre les cinq accusés. Un seul d'eux se constitua prisonnier.

Il parut avec calme et dignité devant le juri, et fut défendu par M. FLEURIOT, avoué, à Saint-Brieuc, d'une manière digne de lui, avec prudence et énergie, avec un grand talent, et sans injures ni reproches, avec affection et profondeur.

Il fut acquitté par les Jurés à l'unanimité, à la satisfaction du public. Vaine leçon, quoique publique et solennelle! car, le lendemain 23, la cour d'assises, composée de cinq juges non assistés des probes jurés siégeant la veille, déclara la contumace acquise contre mon fils et moi, TOPIN, et COURSON DE LA VILLEHELLIO.

Le dernier fut acquitté, attendu que rien, dans la procédure, n'apprenait qu'il eût coopéré à l'assassinat de CAEN.

TOPIN, mon fils et moi fûmes déclarés coupables de cet assassinat, avec préméditation, condamnés *à la peine de mort* et aux frais, et le séquestre de tous nos biens fut ordonné.

Ce jugement inique eut pour base l'accusation dont VOTRE MAJESTÉ n'entendra le résumé, *qui n'est que la copie des dépositions des témoins,* qu'avec surprise, car elle *transforme en rébellion criminelle, armée contre la force légale armée, le corps de volontaires de vos fidèles sujets, agissant d'après vos ordonnances du mois de Mars 1815, combattant précisément, légalement, la rébellion et la révolte des partisans de l'indigne usurpateur, de l'ennemi de la France et de votre maison ; et qualifie nos devoirs envers vous, et elle, et la patrie, de révolte, notre fidélité, de rébellion, et la vertu, de trahison.*

Acte d'Accusation.

« Les 12 et 13 Avril, une réunion de plusieurs individus, *concertée d'avance,* se forma au château DURUMAIN, en la commune de Hengoat, Côtes-du-Nord, habité par les Sieurs DURUMAIN, père et fils ; on y remarqua TOPIN, et plusieurs autres. Ils passèrent la nuit du 12 occupés à *préparer* les moyens préliminaires d'exécuter le lendemain et jours suivans *les actes hostiles prémédités* par les propriétaires du château.

4

» *Des cocardes blanches furent confectionnées;* on dressa une liste des gardes nationales de Tréguier qui avaient à leur disposition *des fusils de calibre*, et dont il était dans les projets du Sieur DURUMAIN de s'emparer, pour *armer sa bande*, et dont il s'est emparé ensuite chez TILLI, la veuve BINET et BRIANT, etc.

» Les appels aux armes et *à la révolte*, ou aux affidés qui devaient la grossir furent écrits de la main de DURUMAIN, fils, ou de PAILLARD, fils, sous la dictée de DURUMAIN, père.

» Ils étaient conçus de cette manière :

» *Mon cher camarade, vous vous rendrez, avec mes gens, dans l'endroit qu'ils vous indiqueront : c'est pour la cause légitime de notre bon Roi* Louis XVIII.

» On poursuit ainsi : *Il était peu digne de cette cause, qualifiée légitime,* qu'on y préludât par un assassinat.

» Cependant le premier acte *des révoltés* a été l'exécution de ce crime.

» Le 13, six ou sept hommes, pris par choix dans *la bande*, déjà réunie au château, eurent ordre de marcher, sous le commandement de DURUMAIN, fils, au lieu habité par le sieur CAER, notaire et maire de Pomméri-Jodi, et y arrivèrent à sept heures du soir.

» Les individus chargés *de cette perfide mission*, ne le trouvant pas chez lui, furent le chercher au bourg, pour lui remettre une lettre du maire de Pontrieux.

» Quand il se montra, on le prit au collet... Ses domestiques et trois autres personnes essayèrent inutilement de l'arracher aux assaillans. On lui cria : *marche, scélérat; tu dois être assassiné par les chouans, nous sommes venus pour te défendre....*

» Le 14, on vit, au passage de Kercabot, un bateau dont le fond était teint de sang.

» Le 22, le cadavre de CAER, auquel une pierre était attachée, fut retiré de la rivière de La Roche, et les gens de l'art ont attesté qu'il était mort de coups de poignard.

» *Pendant qu'on commettait ce crime,* DURUMAIN, *père, armé d'un fusil double,* deux pistolets, un poignard, portant à la boutonnière une croix de Saint-Louis, avec le ruban de la décoration du Lis, *distribuait, dans les campagnes, des cocardes blanches, et se mettait en mesure de fondre, le lendemain, sur la ville de Lannion,* pour en désarmer les habitans, et *distribuer*, suivant ses expressions, *de justes ré-compenses aux partisans de* BONAPARTE.

» Indépendamment de la bande *des assassins* envoyée chez CAER, une seconde bande, placée à Locrist, et sur les bords du grand chemin de Tréguier, y *arrêtèrent des militaires en congé limité, ou des conscrits,* ayant ordre de se rendre, le 14, à un conseil de revue convoqué à Lannion.

» Cette seconde bande fit beaucoup de recrues ; mais un d'eux, qui s'échappa, donna l'éveil à Lannion, d'où on envoya inutile-ment des gardes nationales au château DURUMAIN.

» Le 14, la bande du Sieur DURUMAIN, père, commandée par lui, marcha sur Lannion ; mais il donna bientôt le signal de la retraite, *et les révoltés se dispersèrent.*

» Il ne resta à leurs chefs de ressource que de se rendre près d'un batelier, pour traiter de leur passage en Angleterre.

» DURUMAIN père et fils sont à chaque feuillet de la pro-cédure considérés comme les moteurs, provocateurs et exé-cuteurs de l'assassinat de CAER, puisqu'ils ont alternativement commandé les bandes formées, armées et décorées par eux, *du signal de la révolte,* destinées à empêcher *la revue de Lannion et le départ des conscrits.*

» Ici, le père lit *des proclamations mensongères,* promet de larges récompenses, excite ses gens au meurtre et au pillage, arrête lui-même les conscrits et les militaires sur la route, les enrôle dans son parti.

» Là, le fils, annonce, en hypocrite, à CAER qu'il est venu pour le protéger, et l'arrache à ses défenseurs.

» Il publie que, dans le Finistère, la cocarde blanche et le drapeau blanc ont remplacé les tricolores, que les arbres de la liberté sont partout déracinés, qu'on s'y lève de toutes parts pour le ROI.

» TOPIN arrête et enrôle de son côté tous ceux qui, pour obéir *à l'appel des autorités légales,* se rendaient au conseil de revue ; *il était de l'expédition contre Lannion.*

» Enfin le mot d'ordre de la bande était *vive le* ROI. »

SIRE, voilà notre éloge complet et la preuve que nous avons entendu et exécuté vos ordonnances ; mais la preuve la plus convaincante de notre fidélité à votre personne sacrée et chérie est dans les lois qui ont provoqué notre renvoi à l'é-chafaud.

Réfutation de l'Acte d'Accu- sation.

On a donné, pour base de notre condamnation à *mort*, *de la privation de nos revenus et emplois*, les articles 87, 88, 89, 91, 92, 97, 296, 297, 302, 303 du code pénal, et l'article 554 du code d'instruction criminelle.

L'article 87 porte : « *L'attentat ou le complot* dont le but » sera soit de détruire ou de changer le gouvernement, ou l'ordre » de successibilité au trône, soit d'exciter les citoyens ou les habi- » tans à s'armer contre l'autorité royale, seront punis de la peine » de mort. »

L'article 88 : « Il y a *attentat* dès qu'un acte est commis » ou commencé pour parvenir à l'exécution de ces crimes, quoi- » qu'ils n'aient pas été consommés. »

L'article 89 : « Il y a *complot* dès que la résolution d'agir est » concertée entre deux *conspirateurs*, ou plus grand nombre, » quoiqu'il n'y ait pas eu *d'attentat*. »

Mais il est d'évidence ici que, loin de commettre de pareils attentats ou complots, moi et mes camarades nous ne nous armâmes, n'agîmes et ne prîmes la cocarde blanche que pour en empêcher l'explosion contre votre trône, SIRE, VOTRE MAJESTÉ, votre généreuse famille, et à votre voix et d'après vos or- donnances.

L'article 91 dispose : « *L'attentat* ou *complot*, dont le but sera » soit d'exciter la guerre civile, en armant ou en portant les » citoyens, ou habitans, à s'armer les uns contre les autres; » soit de porter la dévastation, le massacre et le pillage en » une ou plusieurs communes, seront punis de la peine de » mort. »

Mais il est d'évidence ici que de pareils attentats ou com- plots n'ont été commis que par le monstre que la mer vomit au golfe Juan le premier Mars 1815, ou par les traîtres qui l'ont accueilli, ou lui ont obéi, et ne sauraient être imputés aux fidèles qui prirent les armes à la voix de leur légitime Sou- verain. C'est la décision précise, SIRE, de l'article 3 de votre ordonnance du 6 Mars 1815.

L'article 92 : « Seront punis de mort ceux qui auront levé

» ou fait lever des troupes armées, engagé ou enrôlé, fait en-
» gager ou enrôler des soldats, ou leur auront fourni des
» armes ou des munitions, *sans ordre ou autorisation du*
» *pouvoir légitime.* »

Mais il est d'évidence ici que moi et mes amis nous nous
sommes formés en corps militaire, de l'ordre exprès, de l'autorisation spéciale de VOTRE MAJESTÉ, dans des dispositions
fidèles et patriotiques, comme le dit votre proclamation du
19 Mars.   Bull. N°. 840.

L'usurpateur avait été déclaré déchu du trône, le 3 Avril
1814; le 8, ce qu'il avait pu faire, après sa déchéance, avait
été déclaré nul; . . le 11, il avait abdiqué; . . . le 6 Mars
1815, vous l'aviez déclaré traître et rebelle, vous aviez ordonné
de courir sus et ses partisans. . . Jamais il n'eut de pouvoir
légitime et n'en put communiquer. . . C'est à ses complices, à
ses infâmes adhérens qu'on doit appliquer l'article 92.

L'article 97 porte : « Dans les cas où l'un ou plusieurs des
» crimes mentionnés aux articles 86, 87, 91 auront été exé-
» cutés, ou simplement tentés *par une bande,* la peine de
» mort sera appliquée, sans distinction de grades, à tous les
» individus faisant partie de la bande, et qui auront été saisis
» sur le lieu de *la réunion séditieuse :* et sera puni de la même
» peine, quoique non saisi sur le lieu, quiconque aura dirigé
» *la sédition,* ou exercé, *dans la bande,* un emploi ou com-
» mandement quelconque. »

Mais il est d'évidence ici que la réunion des Bonapartistes
était seule séditieuse, puisque vos ordonnances, SIRE, des 6,
9, 11, 12, 15 Mars les qualifient de factieux, de révoltés, de
traîtres, de parjures, d'ennemis de la patrie commune, et
qu'ils ont été vaincus dans la lutte de la liberté contre la
tyrannie, de la fidélité contre la trahison, d'un ROI légitime
contre un infâme usurpateur.

L'article 296 dispose : « Tout meurtre commis *avec pré-*
» *méditation* ou *de guet-à-pens* est qualifié d'assassinat. »

L'article 297 : « *La préméditation* consiste dans le dessein
» formé, avant l'action, d'attenter à la personne d'un individu
» déterminé, ou même de celui qui sera trouvé ou rencontré,
» quand même ce dessein serait dépendant de quelques cir-
» constances ou de quelques conditions :

L'article 298 : « *Le guet-à-pens* consiste à attendre, plus

» ou moins de tems, dans un ou divers lieux, un individu,
» soit pour lui donner la mort, soit pour exercer sur lui des
» actes de violence. »

Mais il est d'évidence ici qu'en déclarant mon fils, TOPIN et
moi les principaux moteurs ou provocateurs du meurtre de
CAER, dit commis avec préméditation, l'arrêt du 23 Octobre
1819 est en contradiction manifeste avec la déposition de tous les
témoins ouïs à Lannion ou devant les jurés, la veille, avec
le contexte entier de l'acte d'accusation, qui, unanimement,
attestent que notre *préméditation*, nos préparations, nos concerts
d'avance furent pour la défense, SIRE, de votre personne, de
votre trône, de votre dynastie, contre l'usurpateur et ses partisans ou agens.

Cette défense était commandée par le cœur, par la fidélité,
par l'honneur, par le devoir, et son explosion ne pouvait être
assimilée à un guet-à-pens, puisque vous l'aviez provoquée contre
les rebelles, les traîtres, les révoltés, les maires en forfaiture,
les fonctionnaires publics corrompus, les malveillans, atteints
en outre par les articles 166, 177, 188, 198 et autres du
code pénal.

Les articles 302 et 303 « punissent de mort tout coupable
» d'assassinat, ou tous malfaiteurs qui commettent des actes
» de barbarie. »

Mais l'information ne donne aucun renseignement sur la mort
de CAER.... On n'y trouvera pas un témoin qui dise : « je l'ai
» vu frapper, lui attacher une pierre au cou, le jeter dans la
» mer, le maltraiter, lui donner des coups de baïonnettes. »

Dans la plaidoirie pour le brave COSANNET, débitée après
l'audition de tous les témoins, au nombre de plus de 50, on
adresse aux jurés cet interrogat, page 18 : « Qui vous a appris
» l'heure ou le moment où CAER périt? Personne, Messieurs,
» ne vous donne, sur les circonstances essentielles, et de la
» plus grande importance, le moindre détail touchant sa mort;
» pas un des témoins ne nomme celui ou ceux qui ont dû lui
» porter le premier coup, ou le coup mortel, le garotter, le
» maltraiter. »

Nous ne sommes chargés d'aucun acte de violence ou de
barbarie. De purs royalistes, ceux qui se sont armés pour
le maintien de la religion et de la légitimité, en sont in-
capables.

Enfin l'article 554 du code d'instruction criminelle dispose : « Le crime de *rébellion armée à la force armée*, et les assas- » sinats, s'ils ont été préparés par *des attroupemens armés*, » sont de la compétence des cours spéciales. »

Mais il est d'évidence ici que nous n'étions pas *en rébellion*, et qu'au contraire nous étions la force armée *seule légale* contre la rébellion; et que l'on ne peut nommer attroupement la réunion de fidèles sujets armés, à la voix de leur légitime Souverain, pour défendre la monarchie et la patrie.

Un attroupement illicite et criminel est l'assemblée de gens sans autorité et sans aveu ; une réunion menaçante avec armes, bâtons, cannes ou pierres, qui attaque des gendarmes, des huissiers, une force militaire exécutant les ordres du vrai Souverain ou des magistrats; qui trouble tumultueusement les cérémonies de notre sainte religion, les audiences des tribunaux, le repos public, et qui se place, avec audace et sans honte, sous les exécrables étendards de l'usurpation, de la tyrannie, de la trahison et du parjure.

Voilà la vraie définition du mot attroupement armé ; mais c'est tout dénaturer, c'est mentir au Ciel et à la terre que de l'appliquer à ces corps de braves volontaires qui se sont constitués, à votre invitation, SIRE, pour courir *sus* l'usurpateur et ses satellites, *fauteurs et complices de révolte, de rébellion, d'attentat ayant pour but de changer la forme du gouvernement seul légitime, et provoquer la guerre civile.*

Ainsi l'article 554 du code d'instruction criminelle est aussi faussement invoqué que les articles 87, 88, 89, 91, 92, 97, 296, 297, 298, 302 et 303 du code pénal.

SIRE, j'ose croire que VOTRE MAJESTÉ est convaincue de notre innocence.

J'ai détruit de fond en comble cet arrêt monstrueux *de mort et de séquestre*, prononcé contre trois de vos vrais et fidèles serviteurs.

Les preuves dont nos ennemis et les vôtres ont voulu l'étayer n'accablent qu'eux. *Mentita est iniquitas sibi.*

Je ne connaissais, que par sa mauvaise réputation, CAER, maire de Pomméri-Jody ; je n'ai fait aucune affaire particulière avec lui; je n'ai été ni son créancier, ni son débiteur, ni son fermier, ni son locateur; je ne lui ai rien demandé, il ne

m'a rien refusé : nul motif de haine ou de vengeance ne m'a
excité à en ordonner l'arrestation.

Rien, dans les informations et enquêtes et dans les actes d'accusation, n'en élève même le soupçon.

CAER aurait pu être victime du désespoir, de l'aveuglement
du zèle exaspéré, de ressentimens à lui personnels, qui sont,
par malheur, les effets trop ordinaires des dissensions intes-
tines, et qu'auraient pu provoquer et ses indignes publications
faites, dans l'ivresse, contre vous, SIRE, ou en faveur du tyran,
et ses vexations contre les familles des conscrits ; j'ai voulu le
soustraire à ces déplorables excès, et l'empêcher de nuire à
votre cause, seule bonne et juste, en le faisant arrêter.

Mais vos vrais serviteurs et la noblesse française ne con-
naissent pas les passions viles et basses, nommées tyrannie et
vengeances, et jamais je n'ai eu le malheur d'en être flétri.

Je n'ai pas même eu l'idée de me venger de ceux qui se sont,
pendant mon émigration, établis propriétaires de mes biens.

Me suis-je vengé de ceux qui, en 1791, attaquèrent mon
père, parce qu'il possédait et ne voulait se séparer des mortiers
qu'il tenait de la bonté et munificence du Roi, votre frère,
en récompense de ses services et de ceux de mes oncles les
capitaines de vaisseau les comtes DURUMAIN et DE RIVIÈRE ?

Me suis-je vengé des pillards de son château, en 1791, et du
mien, en Avril 1815, quoique nos deux mobiliers et nos archives
en aient été la proie ?

Me suis-je vengé des très-lâches fédérés qui ont fait mourir
de faim mon ami, l'honnête JOURAUD, dans un cachot infect
à Lannion, tant de prêtres fidèles, tant de cultivateurs, même
dans leurs champs ?

Non, SIRE, un fidèle sujet cherche à vous imiter,..... il
oublie,.... il pardonne, ... il souffre, et ne se venge jamais.....

Dans ce moment même, où nous demandons la vie ; où
nous ne demandons que la vie, pour continuer à la consacrer
à votre service, nous ne nommons aucun des fabricateurs
des dénonciations, accusations, jugemens de prise-de-corps,
de séquestre et de mort que nous déférons à l'indignation
publique. TOPIN ne se souvient que de la gloire de la mort de
son frère à l'armée de Condé, et a pardonné les malheurs
de ses père et mère. Nous ne nommons pas même l'ennemi qui
a requis la reprise des poursuites, s'est rendu notre nouvel ac-

cusateur, sans nous connaître et sans avoir lu la procédure et les informations, et qui est rayé de droit du tableau des avocats et défenseurs obligés des accusés et des malheureux, puisqu'il s'est placé dans les rangs des dénonciateurs déhontés et des vils calomniateurs.

Nous sommes, avec le plus profond respect,

SIRE,

DE VOTRE MAJESTÉ,

Les très-humbles, très-obéissans, très-fidèles et très-soumis serviteurs,

Pour TOPIN, mon fils et moi :

Le Comte DE TROLONG DURUMAIN,
Chevalier de Saint-Louis.

www.ingramcontent.com/pod-product-compliance
Lightning Source LLC
Chambersburg PA
CBHW050415210326
41520CB00020B/6609